BEI GRIN MACHT SICH IHR
WISSEN BEZAHLT

- Wir veröffentlichen Ihre Hausarbeit,
  Bachelor- und Masterarbeit

- Ihr eigenes eBook und Buch -
  weltweit in allen wichtigen Shops

- Verdienen Sie an jedem Verkauf

Jetzt bei www.GRIN.com hochladen
und kostenlos publizieren

Yvonne Rau

Reden schreiben

Vorbereitung für die Magisterklausur

GRIN Verlag

Bibliografische Information der Deutschen Nationalbibliothek:

Die Deutsche Bibliothek verzeichnet diese Publikation in der Deutschen National-
bibliografie; detaillierte bibliografische Daten sind im Internet über http://dnb.d-
nb.de/ abrufbar.

Impressum:

Copyright © 2009 GRIN Verlag, Open Publishing GmbH
Druck und Bindung: Books on Demand GmbH, Norderstedt Germany
ISBN: 978-3-656-48316-8

Dieses Buch bei GRIN:

http://www.grin.com/de/e-book/165095/reden-schreiben

Einleitung:

Redenschreiben und Redenhalten ist für viele Menschen erst einmal ein eng miteinander zusammenhängendes Konstrukt. Hört ein ganz normaler Bürger zu Zeiten des Wahlkampfs zu Hause am Bildschirm die Rede eines Politikers, dann versteht er diese Rede als Werk dieses einen Politikers. Stillschweigend wird unterstellt ohne es auch nur einmal in Frage zu stellen, dass der Politiker seine Rede selbst verfasst und im Wahlkampf vorgetragen hat.

Wäre das so, stünden die Produktion und die Performanz wirklich eng miteinander in Verbindung, weil sie von ein und derselben Person für einen bestimmten Zweck eingesetzt werden würden.

Wenn wir allerdings einen Blick in die USA werfen, erfahren wir, dass dort selbst in der Öffentlichkeit, also bei der breiten Masse bekannt ist, dass es Redenschreiber gibt, die für andere die Reden formulieren und selbst im Hintergrund bleiben.

Seit der Antike gibt es Redenschreiber. Im alten Griechenland schrieben die so genannten Logographen vor allem Gerichtsreden für Bürger, die sich vor dem Gesetz behaupten mussten und sich diese Dienstleistung zu Nutze machen konnten. Bis heute kann man den Beruf des Redenschreibers als handwerkliche Dienstleistung ansehen.

Mittlerweile wird diese Dienstleistung auch von Politikern, Firmenvorständen und anderen Personen, die in der Öffentlichkeit stehen genutzt. Allerdings will keiner von Ihnen gerne öffentlich zugeben, dass die eigene Rede nicht selbst verfasst wurde. Deshalb wird der Redenschreiber oftmals auch als Ghostwriter betitelt.

Es gibt in Deutschland zwar immer die Rechte am geschriebenen Wort, aber aus Gründen der Glaubwürdigkeit, die ihrer Kunden verlieren könnten, bleiben Redenschreiber lieber anonym. Was gilt, ist das gesprochene Wort des Redners, der die volle Verantwortung für alle Inhalte übernimmt, auch wenn er seine Rede nicht selbst geschrieben hat.

Die Entfremdung, also der Umstand, die Inhalte eines anderen in einer Rede zu verfassen und somit für einen anderen strategisch zu denken, gilt als Berufsmaxime. Der Redenschreiber trägt nur gegenüber dem Redner eine gewisse Verantwortung, aber nicht gegenüber den

Zuhörern. Weil Redenschreiben fremdorientiertes Arbeiten ist, sollte die eigene Individualität zurückgenommen werden. Selbst der Ausdruck beim Schreiben ist fremdorientiert und an die Person des Redners angepasst. Der Redenschreiber muss den Stil des Redners finden und bedienen.

Das Verhältnis zwischen Redenschreiber, den ich im Folgenden auch mit dem Ausdruck Sekundärorator bezeichnen möchte, und dem Redner und Auftraggeber in der Rolle als Primärorator scheint also auf den ersten Blick klar differenziert. Aber die Problematiken, Widerstände und Arbeitsschritte bei der fremdorientierten Produktion einer Rede sind komplexer als man denkt.

Ein Redenschreiber muss vieles leisten. Wie sieht also die Zusammenarbeit von Primär- und Sekundärorator in Theorie und Praxis aus? Im Folgenden will ich Überlegungen zu dieser Zusammenarbeit in Hinblick auf Probleme und Wechselwirkungen anbringen.

Hierbei möchte ich mich an den einzelnen Produktionsstadien, angefangen beim Briefing über den Schreibprozess bis hin zum Vortrag, orientieren und dabei beachten, welche Rolle jeweils der Primär- und der Sekundärorator hierbei spielen.

Primär- und Sekundärorator:

In der Theorie, also im Idealzustand, brieft der Primärorator seinen Redenschreiber und will von ihm, dass sein oratorisches „telos", sein Ziel, das er als Kommunikator verfolgt, über die Rede mitgeteilt werden kann. In der Praxis übernimmt dies meist ein Redenschreiberteam, das aus fest angestellten Personen besteht, die sich mit dem Redner und seinen Reden auskennen und dadurch auch das „telos" selbst mitbestimmen. Ansonsten wird der Produktionszeitraum vorgegeben, wenn es um ein Produkt geht, die Informationen darüber und Marktinformationen, wirtschaftliche und kommunikative Strategien und wenn der Redner aus einer Firma stammt, die Philosophie dieses Unternehmens.

Der Sekundärorator gilt also als Stratege, als Denker, der die kommunikative Absicht des Redners und gegebenenfalls dessen Partei oder Firma in eine schriftliche Form bringt. Dabei muss er verschiedene Regeln beachten und Widerständen entgegenwirken. Er muss verschiedene Kalküle anwenden, um eine gute Rede zu entwickeln. Solche Kalküle sind zum

Beispiel Adressatenkalkül, Situationskalkül, Medienkalkül, um ein paar wichtige zu erwähnen. Im Laufe des Textes werde ich auf diese Kalküle noch eingehen.

Produktionsablauf und Widerstände:

Jetzt möchte ich erst einmal überlegen, wie der Planungsablauf für eine Rede organisiert sein könnte. Im Idealfall orientiert sich der Redenschreiber hier an den rhetorischen Produktionsstadien, also an der „intellectio" (Was wird vorgetragen), „inventio" (Wie wird es vorgetragen), „dispositio" (In welcher Anordnung wird es vorgetragen), „elocutio" (In welcher Sprache wird es vorgetragen) und aufgrund des Adressatenkalküls der „memoria" (Was soll erinnert werden). Die „actio" (Performanz) ist eigentlich Sache des Redners. In der Praxis scheinen Redenschreiber das auch zu tun, allerdings scheint es ihnen nicht bewusst zu sein, sondern sie werden dieses Aufbauprinzip wohl einfach generell und unbewusst verfolgen.

Als erstes, also in der „intellectio", wird eben geklärt, was eigentlich das Thema der Rede sein wird. Es wird eine so genannte Setting-Analyse durchgeführt, in der die Situation, in der die Rede gehalten werden wird, genau definiert wird. Hier wird auch über mögliche situative Widerstände nachgedacht. Setting-Elemente können, der Ort und der Raum sein, indem eine Rede gehalten wird, die Dauer der Veranstaltung in deren Rahmen die Rede wichtig ist, die Vor- und Nachredner und der Anlass der Rede.

Der Ort oder Raum für die Rede ist insofern wichtig, als dass er für bestimmte äußere Gegebenheiten, für den Klang der Rednerstimme, für die Sicht des Publikums auf den Redner, also schlicht für die Atmosphäre, eine beeinflussende Rolle spielt. Bei einem großen, kahlen Raum, einer Kirche zum Beispiel, wird die Stimme des Redners vermutlich widerhallen. Deshalb ist hier der Einsatz kürzerer Sätze empfehlenswert.

Findet die Rede im Rahmen einer Veranstaltung statt, die sehr lange dauert, dann wird sich das Publikum bei fortgeschrittener Zeit schwerer konzentrieren können. Hier empfiehlt sich dann beispielsweise eine kürzere, knackigere Rede, die –wenn es zum Redner passt- eventuell durch den Einsatz von Humor für Auflockerung sorgt.

Gibt es Vor- oder Nachredner, wäre es von Vorteil zu wissen, wer vorher und nachher worüber spricht, um sich auf deren Inhalte zu beziehen oder auf diese hinarbeiten zu können.

Der Anlass der Rede bestimmt in der Regel die Redegattung. Handelt es sich um ein Jubiläum, hält man sich an die Gattung Lobrede, also die Vorzeigerede oder „genus demonstrativum", bei einem Wahlkampf kann man sowohl Elemente aus der Beratungsrede, „genus deliberativum", zum Argumentieren und Werben für die eigene Politik, als auch aus der Gerichtsrede, „genus iudiciale", zum Anklagen der Gegner und Verteidigen der eigenen Partei anwenden. Die Situation gibt also die Gattung meist vor.

Der Redenschreiber wählt dann unter gattungstypischen Mitteln aus und kann sich auch, wenn es Sinn macht, zu einem Gattungsbruch entschließen. In jedem Fall lässt er sich von bestimmten Normen leiten, weshalb die Gattung wiederum die Produktion und die Rezeption einer Rede steuert.

In der „inventio" geht es darum, wie die Rede vorgetragen wird. Das heißt hier muss der Sekundärorator vor allem das innere und äußere Aptum des Redners beachten. Hier kalkuliert er die medialen Widerstände ein.

Das wichtigste zu beachtende Medium ist für den Redenschreiber der Redner selbst. Der Redner ist ein Kommunikator mit einem oratorischen Ziel für den der Redenschreiber die Rede maßschneidern muss. Außerdem muss er den Redner als ein Faktum innerhalb einer Kommunikationsmaschinerie betrachten. Deshalb ist wichtig in welcher Rolle der Redner auftritt. Wenn er beispielsweise Politiker ist, dann ist jede seiner Äußerungen haftbar. Ein weiterer Punkt ist die Individualität des Redners. Er ist immer auch ein soziales Individuum, mit Überzeugungen, Verhaltensmustern und seiner ganz eigenen Attraktivität.

Auch die Sprache des Redners ist als Kommunikationsinstrument mit einzukalkulieren. Der Redenschreiber muss wissen wie der Redner klingt und sich ausdrückt. Man sollte also bei einem lispelnden Redner zum Beispiel darauf achten weniger Worte mit einem „s" zu verwenden. Ebenfalls zu beachten ist der Beziehungsaspekt zwischen Redner und Adressaten. Haben sie gleiche Ansichten oder unterschiedliche? Bei Unterschieden muss man sehr vorsichtig im Umgang mit der Sprache sein, um Mehrdeutigkeiten zu vermeiden. Die Körpersprache und die Betonungsweise des Redners sollte man kennen, um mögliche Über-

oder Untertreibungen oder Codierungen zu vermeiden. Das gilt vor Allem bei einer sehr konfliktbelasteten Beziehung zwischen Redner und Publikum.

Zu medialen Widerständen gehören auch Medien, die redebegleitend verwendet werden. Gemeint sind beispielsweise Schrift-, Bild- und Tonträger. Ihr Einsatz sollte nur dann in Erwägung gezogen werden, wenn der Redner ihre Funktion beherrscht und sie die Konzentration der Zuhörer auf das Redethema und die rhetorische Botschaft begünstigen und nicht verhindern, sonst sind sie Entfremdungsfaktoren. Oft hat ein Redenschreiber keinen Einfluss darauf welche Medien begleitend genutzt werden. Der Sekundärorator hat immer nur eine beratende Funktion was solche Entscheidungen betrifft. Wenn er mitentscheiden darf, muss er die Wahl der Medien überdenken.

Eng verknüpft mit medialen Widerständen ist die Präsenzentfremdung als zusätzlicher Widerstandsfaktor. Der Redenschreiber muss alle anderen im Raum anwesenden Medialsysteme, also Kameras, Fotoapparate, Mikrophone, die meist von der Presse verwendet werden, beachten. Die durch die Doppelmedialisierung entstehende Sekundärpräsenz kann sogar wichtiger sein als die im Raum anwesenden Adressaten. Wenn zum Beispiel eine Wahlkampfrede gehalten wird ist es viel wichtiger, dass die breite Masse, die dimissiv über die Presse informiert wird, die rhetorische Botschaft versteht.

Nun komme ich zur „dispositio" und somit zu der Anordnung der Textteile. Hier sind Widerstände auf der Textebene zu überwinden. Allerdings ist es fast unmöglich einen Text so zu konstruieren, dass man sich aller gegenseitigen Abhängigkeiten innerhalb des Konstruktes Text im Klaren sein kann. Deshalb kann sich der Sekundärorator nur so klar und deutlich ausdrücken wie möglich und die Rede auf einen sprachlichen und geistigen Konsens der Adressaten hin anfertigen, damit diese sie verstehen.

Hinsichtlich der Sprache befindet man sich bereits bei der „elocutio". Hier ist die verbale Enkodierung angesprochen. Der Redenschreiber bedenkt die Angemessenheit seiner Ausdrucksweise. Die Sprache sollte sowohl für das Publikum als Zuhörer, als auch für den Redner angemessen klingen. Deshalb ist es auch besonders wichtig, dass der Unterschied zwischen Sprech- und Schriftsprache beachtet wird. Die Rede soll in Sprechsprache gehalten werden. Damit ihre Rede natürlicher klingt benutzen daher auch viele Redner ein Redemanuskript und nicht eine vollständig ausformulierte Rede.

Sprachliche Widerstände überwinden heißt also eine gemeinsame Sprache zwischen Redner und Adressaten zu finden. Bei einem verschiedensprachigen Publikum entsteht daher ein sehr großer Widerstand. Es empfiehlt sich diejenige Sprache zu wählen, die von der Mehrheit verstanden wird. Aber auch wenn alle Beteiligten, Redner wie Adressaten, dieselbe Sprache sprechen, gilt es, die Rede so zu formulieren, dass auch jeder sie versteht. Spricht ein Redner zum Beispiel in seiner Fachsprache vor nicht fachlichem Publikum werden ihn seine Zuhörer weniger gut verstehen.

Der Redenschreiber beachtet also in welchem Verhältnis der Orator zur Sache und zum Publikum steht und wie das Publikum zur Sache steht. Dadurch ergibt sich ein bestimmtes Verhältnis zwischen den beiden. Hier kommt die letzte Widerstandsebene noch zur Erwähnung. Der kognitive Widerstand. Auf kognitiver Ebene wird das menschliche Denken und Fühlen des Publikums wie von einem Psychologen eingeschätzt und dann wird versucht möglichen Differenzen zwischen der rhetorischen Botschaft und der Meinung der Adressaten entgegenzuwirken. Mögliche Widersprüche des Publikums werden also einkalkuliert und dazu passende Gegenargumente entweder in der Rede vorweggenommen oder auf einem extra Blatt, dem "fact-sheet", notiert. Mit einem solchen Instrumentariumskalkül verfolgt man sein Adressatenkalkül, womit man eine Reizreaktion und einen Lernprozess bei den Adressaten in Gang bringen kann.

Erwartungen des Publikums sollte der Sekundärorator also einschätzen und bearbeiten. Gute altbewährte Mittel sind Sätze, die ein „Wir-Gefühl" bewirken. Sätze wie „Du bist Deutschland" oder „Yes, we can". Sie bewirken, dass die Zuhörer sich besser an Redeinhalte erinnern, was das Stadium der „memoria" mit einbezieht. Außerdem kann man so mögliche Konfliktpotentiale eindämmen und neue Beziehungsgrade schaffen. Der Einsatz von Medien kann die „memoria" unterstützen, in dem zum Beispiel ein aussagekräftiges Bild einen Tatsachenbericht begleitet. Über das Bild erinnern sich die Zuhörer an die Sache.

Beim Vermitteln der rhetorischen Botschaft will man meist Akzente setzen, also ein Thema bewusst hervorheben, aber dazu sollte man sein Publikum auch abholen. Der Redner wirkt so als Experte und kann die Zuhörer inhaltlich abholen, indem er sich auf ein gemeinsames Wissen bezieht. Stilmittel sind auch angefangene Sätze, die das Publikum beenden kann,

Allgemeinplätze abzugehen und somit ein scheinbares Rollenspiel, eine Art Unterhaltung mit den Adressaten zu führen.

Ob ein Redenschreiber das in einer Rede umsetzen kann, hängt natürlich wieder stark von der Person des Redners ab, der gewillt und in der Lage sein muss, dieses Spiel zu spielen. Hat man solch einen Redner, dann kann man zum Vergnügen der Zuhörer Stilmittel wählen, die auch die „Persuasion" vorantreiben. Solche Stilmittel sind beispielsweise in der Phonetik, der Syntaktik, der Lexikalik, der Pragmatik oder der Metaphorik zu finden. Letztendlich beeinflusst der eigentliche Vortrag, also die Performanz des Redners, diese Stilmittel.

Die Performanz des Redners, das ist die „actio", das letzte Stadium und liegt ganz in den Händen des Redners. Er entscheidet notfalls auch spontan, ob er der ihm vorgelegten Rede noch etwas hinzufügt oder etwas weglässt.

Schluss:

Man sieht, das Verhältnis von Redenschreiber und Redner ist eigentlich klar getrennt. Den Löwenanteil an einer Rede übernimmt, was die Textproduktion betrifft, der Redenschreiber. Die Verantwortung und Performanz bleibt beim Redner. Der Sekundärorator erstellt also als Stratege den Text mit dem intertextuellen Ziel, das adressatengesteuert ist.
Adressaten können, wie bereits angedeutet, Aufnahme-, Verarbeitungs- und Reaktionshindernisse mit sich bringen. Deshalb hat der Redenschreiber oder das Redenschreiberteam auch die Aufgabe, den Redner auf sein Publikum vorzubereiten.

Über ein so genanntes "fact-sheet", ein Blatt Papier, das dem Redner zusätzlich zur Verfügung steht, wird dieser über mögliche Widerstände, Widersprüche und Besonderheiten und einer möglichen Reaktion zu diesen informiert, so dass er dann, sollte es von Nöten sein, diesen Handlungsvorschlägen folgen kann und zum Beispiel immer scheinbar spontan eine passende Gegenantwort parat hat.

Die Grundfrage des Redners lautet: „Wie wirke ich?" Die Grundfrage des Redenschreibers lautet: „Wie bringe ich einen anderen zur Wirkung?" Bei dieser Grundfrage muss der Redenschreiber kognitives und mediales Kalkül anwenden. Das dabei viele komplexe Zusammenhänge zu beachten sind hat sich im Laufe meines Essays deutlich abgebildet.

Situativitätskalkül oder Setting-Analyse, Gattungsfrage, Adressatenkalkül, Medienkalkül, Text und Sprachkalkül können nicht immer miteinander konform sein, sie können sich auch widersprechen. Vor und während der Produktion einer Rede muss der Redenschreiber immer wieder Entscheidungen treffen und abwägen was angemessen ist und was nicht.

Würde derjenige, der die Rede schreibt, die Rede auch halten, dann wären nicht so viele dieser Abwägungen nötig, weil der Redner sich selbst eigentlich am Besten kennen sollte. Er wüsste über seinen eigenen Stil, seine Überzeugungen und seine Botschaft.

Schreibt man für jemand anderen, dann herrscht schon während des Schreibprozesses keine Einwegkommunikation mehr, sondern im Idealfall gibt es die Kooperation, entweder mit dem Redner selbst oder im Team und in Form von beispielsweise Feedbackstrukturen. Gibt es die Kooperation, so sollte sie aus einem auf die rhetorische Botschaft hin ausgerichteten wechselseitigen Instruieren bestehen, bei dem der Redegegenstand erfasst wird, das kommunikative Setting geklärt wird und das rhetorische Kalkül definiert wird.

Literatur:

Knape, Joachim: Was ist Rhetorik? Reclam. Stuttgart 2000

Wenzel, Peter: Gattung. In: Nünning, Ansgar (Hrsg.): Metzler Lexikon Literatur- und Kulturtheorie. Ansätze - Personen - Grundbegriffe. 3. aktual. und erw.